17K
5728

LK 7/5728

PÈLERINAGE

DE

N.-D. DE BON-SECOURS

DE MONTIGO

Canton de Guîtres (Gironde).

Par X. MOULS
curé d'Arcachon, ancien curé de Montigo.

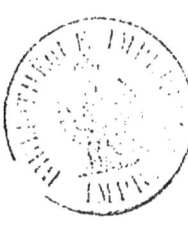

VENTE AU PROFIT DU PÈLERINAGE.

BORDEAUX
IMPRIMERIE GÉNÉRALE DE Mme CRUGY,
Rue et hôtel Saint-Siméon, 16.

1860

PÈLERINAGE
DE
N.-D. DE BON-SECOURS
DE MONTIGO

I

Légende de Notre-Dame de Montigo.

Le pèlerinage de N.-D. de Montigo, d'après la légende suivante, dont nous examinerons bientôt la valeur, remonte au milieu du XVe siècle.

« A cette époque, où de nombreux pèlerins se rendaient encore chaque jour au pied du mont *Pedroso*, en Espagne, pour vénérer le corps de saint Jacques, miraculeusement découvert par Théodomir dans la vallée appelée depuis Compostelle (*campus stellæ*), un marin des environs de Guîtres, en Aquitaine, fit le vœu, s'il échappait au naufrage dont il était menacé, d'entreprendre ce pèlerinage. Sa prière fut exaucée : la mer lâcha sa proie ; et le pieux matelot, à peine remis des fatigues de la tempête, s'occupa de réparer son frêle navire, pour se diriger vers l'Espagne et accomplir son vœu.

» Il part : un vent favorable le pousse vers les rivages désirés ; tout semble lui promettre une heureuse traversée. La légende dit que notre marin avait une dévotion sincère à la Vierge Marie. Sans doute, à bord de son navire, le petit équipage qui le montait avait conservé cette touchante coutume des marins, de se réunir sur le pont, au moment où le soleil va se coucher, pour invoquer en chœur la protection de l'Étoile des mers.

» Or, une nuit que tous s'étaient endormis après la prière, une de ces violentes tempêtes qui s'élèvent parfois presque subitement dans le golfe de Gascogne, enveloppe subitement le navire ; un coup de vent le remplit d'eau, brise les mâts et déchire les voiles. Pour comble d'horreur, la nuit, qui devient à chaque instant plus sombre, n'est éclairée que par la lueur phosphorescente des éclairs. Battu dans tous les sens par les vagues, le vaisseau allait sombrer. Dans ce péril extrême, le pèlerin, voyant tout espoir perdu, se met à genoux, et exhorte ses compagnons à ne plus attendre de secours de leurs efforts inutiles, mais à prier Dieu, à songer à mourir en chrétiens.

» Tous priaient encore, lorsque la tempête se calma, au lever du jour. Les premiers rayons du soleil découvrirent une terre peu éloignée ; et, quelques instants après, les vagues, encore agitées, jetaient le navire sur les côtes d'Espagne, non loin de Saint-Sébastien.

» Le pèlerin se met en marche ; et, demandant comme un mendiant le pain de la charité, il suit à pied le long chemin qui conduit à *Saint-Jacques de Compostelle*. Il arrive, accomplit son vœu, puis il se remet en route pour retourner en France. Quand venait le soir, il frappait, soit aux portes des châteaux, soit aux guichets des couvents ; et partout, selon l'usage de cette époque, où les pèlerins apportaient les plus récentes nouvelles des contrées qu'ils avaient parcourues, on lui faisait raconter l'histoire de son voyage. »

Jusqu'à présent, cette légende ressemble à beaucoup d'autres ; rien ne la distingue, si ce n'est la simplicité et la précision des détails, qui commencent à lui donner un cachet d'authenticité. Mais, au point où nous en sommes de notre récit, le caractère change ; un nom illustre, qui compte parmi les plus belles gloires de l'Espagne, va se trouver mêlé à cette histoire : c'est le nom que porte l'auguste compagne de Napoléon III, l'Impératrice bien-aimée des Français.

« Le pèlerin traversait l'*Estramadure* : après avoir quitté Badajoz au lever du soleil, il se trouva le soir non loin du château de Montijo. Accablé d'une longue marche, il arrive, il demande l'hospitalité. Sur l'ordre du noble comte qui l'habite, on s'empresse de la lui accorder. Le pèlerin est admis à partager l'intimité de la famille. Il raconte ses naufrages, son vœu, et au prix de quelles fatigues il est parvenu à le remplir. Son malheur et sa piété touchent tous les cœurs.

» Le comte de Montijo remercie Dieu, dit la légende, de lui avoir envoyé une infortune à secourir. C'est un de ces héros dont parle le poëte espagnol : « *Descen-*
» *dant des rois de Tolède, sa valeur honore sa patrie.* »
Son nom est un de ceux dont un autre barde a dit :
« *qu'on entend le peuple redire cent noms glorieux,*
» *l'orgueil de la famille de Montijo, noms illustres et*
» *sans souillure que promène partout la voix de la re-*
» *nommée.* »

» Lorsque le pèlerin fut près de repartir, le comte lui remit une somme d'argent, et, à son cadeau, ajouta une image de la Vierge ; c'était un souvenir traditionnel : l'invocation de cette petite statue avait jadis préservé du naufrage un des ancêtres du comte, lors-

qu'il revenait de la Palestine. « *Ayez confiance,* dit-il
» au matelot, *réparez votre navire, et la Vierge pro-*
» *tégera votre voyage sur l'Océan.* »

» Le pèlerin s'en va plein de reconnaissance pour
le comte, et bénit Dieu de la protection qu'il lui accorde. Quelques mois après, il revoyait heureusement
les grèves de l'Aquitaine, après avoir réparé ses pertes
par un négoce fructueux, grâce à la libéralité du comte
de Montijo. Arrivé dans son pays, il achète une terre
à laquelle il donne le nom de son bienfaiteur, pour
perpétuer le souvenir de sa reconnaissance. Mais, en
même temps, il veut que la mémoire de la protection
de la Vierge-Mère soit aussi conservée, et il fait bâtir
une église dont la charpente est composée des débris
de son navire. Il y dépose la statue vénérée, et en fait
célébrer la consécration avec une grande solennité.

» En peu de temps, le bruit de son aventure se répandit au loin. Les populations, y voyant un miracle,
accoururent en foule; et le pèlerinage de N.-D. de
Montigo fut créé. »

Telle est cette simple légende, conservée dans un
modeste hameau de la Gironde. Nos lecteurs seront
frappés comme nous de l'intérêt national que lui donne
aujourd'hui le nom illustre et glorieux qu'elle rappelle, et qui est lié désormais à l'histoire et aux destinées de l'Empire français et de la Religion.

II

Vraisemblance de la légende.

Nous n'entreprendrons pas de démontrer la vérité
de la légende qui précède. Nous la livrons au public
telle qu'on nous l'a donnée. Elle est aussi édifiante

qu'ingénieuse. Ajoutons qu'elle est au moins *vraisemblable*.

En qualité de témoin oculaire et auriculaire, nous donnons comme incontestables les détails qui vont suivre :

Le 3 février 1853, la chapelle de N.-D. de Montigo, tombant de vétusté, fut entièrement démolie en notre présence : c'était simplement un carré long régulier, ayant en œuvre 4 mètres de largeur sur 7 de longueur et 5 de hauteur. Quatre modestes contre-forts arrêtaient l'écartement des murs. La somme de 150 fr., résultat d'un accommodement à la suite d'un délit, au commencement de ce siècle, avait suffi pour élever sur le mur de façade un pignon de mauvais goût supportant une petite cloche. La porte d'entrée était abritée par un porche en bois de 4 mètres carrés, appuyé d'un côté sur deux piliers de chêne, et de l'autre contre le mur de façade. Les quatre fenêtres de cet oratoire annonçaient le style ogival, sans indication d'époque précise; mais le bouquet placé au sommet de l'ogive du portail révélait le XVe siècle.

Deux choses étonnaient en entrant : la pauvreté de l'oratoire, et les nombreuses béquilles appendues à ses murs comme autant de témoignages des bienfaits de Marie et de la reconnaissance des pèlerins. Une voûte à berceau en bois de pin, récemment faite et à peine travaillée; un mauvais autel en forme de carré long adossé au mur de l'est, des murs tout nus, attristaient le regard. Dans une niche ogivale pratiquée au milieu du mur, à droite, on voyait la statue vénérée. Elle avait 50 centimètres d'élévation. Habilement taillée dans une pièce de bois étranger, noir, elle semblait appartenir à un artiste Grec d'origine. La Vierge était représentée debout, les mains jointes sur la poitrine, drapée dans son manteau oriental, aux plis fort gracieux.

La charpente de l'édifice était composée en entier des débris d'un navire, simplement refendus sans être travaillés ; les mâts arrondis, troués à la base, formaient le faîtage ; les sablières, les deux fermes. La latte-feuille, toute goudronnée et voûtée, ne laissait aucun doute sur son origine. Ainsi, la charpente et le style de la chapelle s'accordent avec la légende.

Le nom de Montijo ou Montigo, donné depuis des siècles à l'oratoire et au village qui l'avoisine, est loin de trouver sa raison d'être dans le site ou dans le langage ordinaire du pays. En effet, ce mot paraît indiquer un endroit élevé, un mont, et Montigo est dans une plaine. Aucun des hameaux ou des bourgs des environs ne présente une consonnance semblable. La paroisse touche à la Saintonge : on y parle le saintongeois. Cet idiome exclut la prononciation du G ; on le prononce à peu près comme le *jota* espagnol. Naturellement, de *Montijo* on a dû faire Montigo, et même Montigaux. La légende est donc vraisemblable : notre but est atteint.

III

Histoire du pèlerinage jusqu'en 1853.

Les vieillards de nos jours racontent qu'avant 93, ce sanctuaire, vénéré depuis un temps immémorial, attirait un grand nombre de pèlerins de la *Saintonge*, du *Libournais*, du *Périgord* et du *Blayais* ; qu'à l'époque de la révolution, il dut sa conservation à l'isolement, à sa pauvreté, et surtout à la dévotion des fidèles ; qu'un bon paysan du voisinage cacha la statue, et la remit à sa place en 1801, lorsque Napoléon Ier rétablit l'exercice du culte ; qu'aussitôt le pèlerinage reprit son cours accoutumé ; qu'en peu d'années, la chapelle fut tapissée d'ex-voto.

Mais comprise désormais dans les limites de la paroisse de Lagorce, située à 4 kilomètres de la résidence du curé, bientôt elle subit les tristes conséquences de cet éloignement : le service divin s'y fit d'abord rarement, ensuite plus rarement encore. On finit par n'y célébrer avec pompe que la fête patronale de l'Annonciation, le 25 mars. La chapelle était fermée à clef presque toute l'année. La dévotion des fidèles se ralentit insensiblement. Le pèlerinage était en pleine décadence, lorsque, le 25 mars 1851, S. Ém. le cardinal Donnet, Archevêque de Bordeaux, brûlant du zèle de la maison de Dieu et des sanctuaires de la Vierge, résolut de le faire revivre et de lui donner un éclat tout nouveau.

Le 3 février 1852, Monseigneur adresse une lettre pastorale à tous les zélateurs des églises de Marie pour les inviter à rebâtir la chapelle de N.-D. de Montigo. Un prêtre qui a déjà fait ses preuves en construisant une église et un presbytère dans le diocèse, à Cazeaux, est mis à la tête de la paroisse. Il dresse un plan et un devis estimatif des travaux à exécuter. Le Conseil municipal et les plus forts imposés de la commune de Lagorce, réunis par M. Fougerat, maire, votent, à l'unanimité, une somme de 6,000 fr. S. M. l'Impératrice Eugénie daigne allouer 5,300 fr. Un grand nombre de familles, parmi lesquelles figurent en première ligne celles de M. Verdeau de Chevalier, de M. Jay, membre de l'Académie française, de M. Jay, percepteur à Guîtres, de M. Largeteau, secondent puissamment les efforts des habitants de Montigo, sous la direction de MM. X. Mouls, curé, et de Goujon, devenu maire par la mort de M. Fougerat. On se mit résolument à l'œuvre, sans tenir compte des difficultés inséparables d'une entreprise de cette nature. Dans l'espace de dix mois, une élégante église romane, surmontée d'un gracieux clocher, un presbytère embelli de deux pavillons, font l'ornement du village de Montigo, et annoncent le bel avenir réservé à l'antique pèlerinage.

Commencés au mois de mars 1853, les travaux, dirigés par M. Monpermey, architecte, étaient achevés à la fin de la même année.

IV

Description de la nouvelle église.

L'église est une basilique romane de l'époque de transition, orientée, à trois autels, avec une seule nef. En œuvre, elle a, tout compris : longueur, 24 mètres; largeur, 8 mètres; hauteur, 10 mètres, et peut contenir cinq cents personnes. De la base au sommet, le clocher mesure 25 mètres. La tour qui supporte la flèche se divise en trois étages, dont le premier et le rez-de-chaussée, fondus dans le corps de l'édifice, forment le vestibule et une tribune de l'église. Les deux autres se dégagent comme un champignon du côté de la façade, au-dessus de la toiture, et supportent une flèche recouverte d'ardoises, élancée et octogone comme eux. Ces deux compartiments sont percés de fenêtres géminées, surmontées d'un œil de bœuf avec des dents de scie. L'ornementation, des dernières années du style roman, donne au clocher un aspect gracieux.

La façade de l'église est en harmonie avec ce travail. Elle présente un portail à plein-cintre, qu'entoure une série d'arceaux concentriques, ou plutôt une succession d'archivoltes en retrait et superposées, soutenues par des colonnes dont les chapiteaux n'ont encore reçu aucun ornement. Le monogramme de la Vierge paraît sculpté dans le tympan. Le cordon en pierre qui coupe la façade dans toute sa largeur, et sert de base à un fronton triangulaire, est orné de têtes bizarres, grimaçantes, d'hommes et d'animaux. Au centre de ce fronton, se trouve un œil de bœuf qui correspond à une ouverture de ce genre, pratiquée dans le mur de l'abside.

Dans l'intérieur du bâtiment, les grains de chapelet, les trèfles, les étoiles, les dents de scie, les chevrons brisés font l'ornement des corniches, et surtout de l'arc-de-triomphe qui sépare la nef de l'abside. En entrant, on aperçoit les trois autels; ils sont dédiés : le maître autel, à la Sainte Vierge; celui de droite, à saint Pierre; et celui de gauche, à saint Joseph, comme l'annoncent les statues qui les dominent.

La petite statue vénérée occupe dans sa nouvelle demeure à peu près la place qu'elle avait dans l'oratoire primitif. Entourée de tous les ornements propres à fixer sur elle l'attention des visiteurs et des pieux fidèles, elle est adossée au mur du milieu de la nef, du coté du midi. Les huit fenêtres de la nef sont à plein-cintre; leurs pieds-droits se détachent en colonnettes, aux chapiteaux historiés, supportant une archivolte à dents de scie. Les deux fenêtres de l'abside sont géminées et surmontées, dans la direction de leur centre, d'un quatre-feuilles orné de verres peints. L'abside a la forme d'un pentagone irrégulier. Une sainte table en bois de poirier, dans le style roman, sépare la nef du chœur et de l'abside.

Tandis que la voûte en plâtre de la nef forme presque le plein-cintre, celle de l'abside est à arêtes légèrement prononcées. Autour de l'abside se développe une belle sacristie qui lui sert comme de contre-fort.

Plein de zèle pour le pèlerinage et pour l'église de Montigo, le curé actuel, M. Héraud, a suggéré aux pieux fidèles l'ingénieuse idée de déposer dans le sanctuaire, sous forme d'ex-voto, des cœurs en bois doré. Le nombre de ces cœurs est déjà très-considérable. Disposés en festons et en monogrammes de la Vierge, ils font un des plus beaux ornements de la statue miraculeuse et surtout de l'abside.

L'abside, avec son magnifique autel roman et les cœurs qui l'entourent, ne laisse rien à désirer. La multiplicité des ex-voto révèle admirablement au visiteur que le sanctuaire est un lieu de pèlerinage.

En résumé, l'église romane de Montigo a pour elle le sceau de l'unité dans l'ensemble et dans les détails. Sa disposition intérieure répond merveilleusement à l'idée que l'on se fait d'un lieu de pèlerinage. Des médailles frappées pour la première fois en 1853 reproduisent l'église actuelle et la statue vénérée.

V

Fête du 8 décembre 1853. — Fête patronale du 25 mars.

La fête du 8 décembre 1853, fête de l'Immaculée-Conception de la Sainte Vierge, laissera dans l'esprit des habitants de Montigo un souvenir ineffaçable : on venait de mettre, en toute hâte, la dernière main à la nouvelle église. Il fallait la bénir. Une belle cloche, sortie depuis quelques jours des ateliers de M. Deyres, de Bordeaux, restait muette en attendant son baptême.

S. Ém. le cardinal Donnet, Archevêque de Bordeaux, accompagné de S. G. l'Évêque de Tarbes et du R. P. Lavigne, de la Compagnie de Jésus, devaient présider à cette double cérémonie. Toutes les populations de la contrée étaient accourues à ce spectacle religieux.

A la tête d'un nombreux clergé, M. l'abbé Mouls reçut et complimenta les zélés prélats. Il fit des vœux pour les développements de ce pèlerinage destiné à retremper dans la foi tout le pays. S. Ém. appela sur ces vœux les bénédictions du Ciel, et prédit pour cette dévotion un heureux avenir.

S. G. l'Évêque de Tarbes baptisa la cloche, qui, aussitôt après, du haut de la tour devenue son trône, fit entendre sa voix pour raconter les gloires de N.-D. de Montigo. S. Ém. offrit le divin sacrifice. Dans un discours pathétique, le R. P. Lavigne publia les grandeurs de Marie.

Ce pèlerinage reçut alors une consécration des plus solennelles ; tous les assistants comprirent qu'une ère nouvelle allait commencer. Montigo, depuis le commencement de ce siècle, n'était qu'une simple chapelle de secours ; il fut arrêté qu'une paroisse y serait créée, et qu'il y aurait immédiatement un desservant. Cette faveur ne se fit pas longtemps attendre. Grâce à Son Éminence, un décret du 14 avril 1854 convertit la chapelle de Montigo en paroisse.

A dater de ce moment décisif, ce pèlerinage a toujours progressé.

Toutes les fêtes de la Vierge y sont célébrées avec pompe au milieu d'un grand concours de fidèles.

Mais c'est le 25 mars, jour de l'Annonciation, principale fête patronale de N.-D. de Montigo, que les cérémonies ont tout leur éclat, et se trouvent rehaussées par la présence d'une foule de pèlerins dont le nombre s'élève à huit ou dix mille personnes. Toutes les classes de la société s'y mêlent, s'y confondent; l'ordre n'y est jamais troublé. Tous les fidèles comprennent qu'il s'agit d'une fête purement religieuse. Plusieurs prennent part au banquet sacré. Nous faisons les vœux les plus sincères pour que les curés des paroisses environnantes, à l'exemple de l'ancien curé de Guîtres, se rendent processionnellement, croix et bannière en tête, dans le sanctuaire de N.-D. de Montigo. Quel spectacle édifiant! quelle prédication éloquente! quelle source de bien pour la religion!

Le jour de l'Annonciation est arrivé. L'église a pris ses plus beaux ornements! La foule est considérable et va toujours croissant; les messes se succèdent sans interruption depuis sept heures jusqu'à onze. A onze heures, la grand'messe commence. Précédé d'un nombreux clergé, le célébrant quitte l'enceinte sacrée, devenue trop étroite, et se dirige vers un autel dressé sur un point élevé à ciel ouvert, en présence de la multitude qui l'attend avec recueillement. Aussitôt l'excellente musique instrumentale *Rollet*, de Bordeaux, qui ne manque pas de se rendre à la solennité, fait entendre ses sons harmonieux. La messe commence: les chantres de la contrée se sont donné rendez-vous, et entonnent l'incomparable messe royale. Après le premier Évangile, un prédicateur de choix raconte les grandeurs de Notre-Dame. Bientôt après, un chœur de jeunes filles chante des cantiques analogues à la circonstance. Tous les assistants prient. Enfin, le prêtre se tourne vers le peuple, le salue, et le congédie en le bénissant.

— 15 —

Entrons maintenant avec le clergé dans l'église où les fidèles le suivent. Quelles scènes touchantes ! Pendant que les uns se pressent à la table sainte pour s'y faire lire les Évangiles, les autres se prosternent dévotement devant la statue des prodiges. Ils y versent des larmes avec des prières. Ici, c'est une mère qui demande la santé pour son enfant ; là, c'est une épouse qui voudrait être mère ; plus loin, c'est une jeune fille qui fait des vœux pour la guérison des auteurs de ses jours ; à côté d'elle, une autre demande la conversion de son frère. Toutes se retirent avec une douce confiance dans le cœur. En effet, que de grâces accordées par l'entremise de N.-D. de Montigo ! que de miracles opérés ! Les uns sont le secret du Ciel ; les autres sont connus des familles. Sans entreprendre de les raconter ici, nous dirons : Regardez autour de vous, dans le sanctuaire de N.-D. : voyez ces béquilles, ces tableaux, ces cœurs, ces nombreux ex-voto ; ne vous apprennent-ils pas mieux que nous qu'on n'invoque jamais en vain N.-D. de Montigo, et qu'on a raison de l'invoquer tout particulièrement sous le nom de *Notre-Dame de Bon Secours ?*

VI

L'Impératrice Eugénie et le pèlerinage de Montigo.

Parmi les grands personnages qui ont rendu hommage à N.-D. de Montigo, nous n'en citerons qu'un seul, qui les surpasse tous, et par sa haute position, et par ses bienfaits : Sa Majesté l'Impératrice bien-aimée des Français, née comtesse Téba de Montijo, a daigné accorder, pour l'église et le presbytère, un secours de 5,300 fr.

Au commencement de l'année 1856, quelque temps avant la naissance du Prince Impérial, l'Impératrice Eugénie, voulant se mettre tout spécialement sous la protection de N.-D., invita M. de Montque, préfet de la Gironde, à choisir immédiatement un peintre habile qui ferait le tableau de N.-D. de Montigo pour le palais des Tuileries.

M. Oscar Gué, de Bordeaux, se rendit aussitôt sur les lieux, travailla sans relâche, et le tableau demandé alla prendre place dans la chambre des couches de l'Impératrice Eugénie, quelques jours avant la naissance du Prince Impérial.

En 1857, Sa Majesté fit don d'une belle timbale en vermeil pour une loterie au profit du pèlerinage.

Enfin, au mois de décembre 1859, Sa Majesté a bien voulu faire hommage d'un riche dais à N.-D. de Montigo. Tels sont les gages de la dévotion de l'Impératrice à N.-D. Ce passé nous répond de l'avenir.

Puisse, sous de tels auspices, grâce à la protection de Son Éminence et au zèle du curé actuel de Montigo, ce pèlerinage se développer toujours de plus en plus, et retremper fortement dans les pratiques de la foi les populations de toute la contrée ! Tels sont les vœux les plus chers de notre cœur, comme le prouve ce petit opuscule écrit en l'honneur de N.-D. de Montigo, communément appelée

NOTRE-DAME DE BON SECOURS.

N. B. — Nous sommes heureux d'annoncer ici qu'on trouve à Montigo des médailles et des gravures de ce pèlerinage.